AF249624

les Plantes, enfin tout ce que la Nature a produit & que nous pouvons découvrir par nos sens & par notre entendement. On a fait de grands progrès dans cette science par les découvertes, les expériences & les bonnes méthodes des Modernes. Elle est très-utile & très-agréable. Nous ne savons pas quelles bornes Dieu a mises à nos recherches, mais on ne sauroit assez cultiver & encourager cette science. Il n'est pas douteux qu'elle peut encore découvrir une immensité de choses aux hommes. La Médecine est une branche de la Physique. Cette science, si nécessaire & si ancienne, n'a pas fait autant de progrès qu'il seroit à désirer. Il y règne encore beaucoup d'incertitude. La durée de la vie est toujours la même, les maladies sont plus fréquentes. Les pays mêmes où il n'y a point de Médecins sont ceux où il y a le moins de maladies. Cependant on n'a rien négligé pour encourager cette science : les Médecins sont les mieux payés de tous les hommes. Notre foible fait leur fort ; le désir de la vie & la crainte de la mort prévalent sur tous les raisonnemens qu'on pourroit faire. Le Médecin est toujours

NOUVEAU RECUEIL DE MOTS D'ORTHOGRAPHE,

MIS PAR ORDRE ALPHABÉTIQUE;

PRÉCÉDÉ

D'une Explication de différentes fortes de mots qui y font employés, avec une explication des accens & des autres figures dont on fe fert en écrivant.

Nouvelle Édition approuvée par l'Académie, retouchée & très-exactement corrigée.

A GENEVE,

Chez les Successeurs Bonnant, Imprimeurs-Libr. au bas de la vallée du Collège.

1807.

EXPLICATION

Des abréviations dont ont se sert dans ce Recueil.

s. m.	substantif masculin.
s. f.	substantif féminin.
pl.	pluriel.
adj.	adjectif.
adj. num.	adjectif numéral.
pron.	pronom.
v. a.	verbe actif.
v. p.	verbe passif.
v. n.	verbe neutre.
part.	participe.
adv.	adverbe.
prép.	préposition.
conj.	conjonction.
int.	interjection.

C.

EXPLICATION

Des différentes sortes de Mots employées dans ce Recueil.

1. *D.* Qu'est-ce qu'un Substantif ?

R. Le Substantif est un mot qui sert à indiquer une personne ou une chose ; comme un homme, une maison.

2. *D.* Qu'est-ce qu'un Adjectif ?

R. L'Adjectif est un mot qui marque la qualité d'une personne ou d'une chose, comme un homme *vertueux*, une *grande* maison : *vertueux* est l'adjectif du substantif homme, parce qu'il indique la qualité de cet homme.

3. *D.* Qu'est-ce qu'un Article ?

R. L'Article est un mot qui précède un substantif, comme *le*, *la*, *un*, *une*, *au*, *les*, *des*, *aux*.

4. *D.* Qu'est-ce qu'un Genre ?

R. Le Genre sert à distinguer le mâle de la femelle. Le Genre désigne aussi des choses qui ne sont ni mâles ni femelles.

5. *D.* Combien y a-t il de genres dans la langue françoise.

R. Les François n'emploient que deux genres ;

le *masculin* pour diftinguer le mâle, comme le cheval, le féminin pour défigner la femelle, comme la jument.

6. D. N'y a-t-il pas deux Nombres ?

R. Oui ; il y a deux Nombres ; le nombre *fingu-lier*, & le nombre *pluriel*.

7. D. Quand eft ce qu'on emploie ces deux nombres ?

R. Le nombre *fingulier* s'emploie pour défigner une feule perfonne ou une feule chofe, ou l'action d'une feule perfonne, comme un Prince ; Dieu aime. On emploie le pluriel pour défigner plufieurs chofes ou plufieurs perfonnes, ou l'action de plufieurs chofes ou de plufieurs perfonnes ; comme des princes, les hommes aiment.

8. D. Qu'eft-ce qu'un Pronom ?

R. Un Pronom eft un mot mis à la place d'un nom, foit fubftantif, foit adjectif.

9. D. Quels font ces pronoms ?

R. Les pronoms font, *je*, *me*, *moi*, *nous*, *tu*, *te*, *toi*, *vous* ; *il*, *elle*, *ils*, *elles*, *eux* ; *en*, *le*, *la*, *lui*, *les*, *leur*, *fe*, *foi*, *y*, *qui*, *dont*, *que*, *ce*, *ces*, *ceux*.

10. D. Qu'eft-ce qu'un Verbe ?

R. Le Verbe eft un mot qui marque l'action d'un fubftantif, comme Dieu *aime* ; aime eft verbe parce qu'il exprime l'action du fubftantif Dieu.

11. D. Ne diftingue-t-on pas en général plufieurs fortes de verbes ?

R. Oui ; l'on distingue trois sortes de verbes : le verbe *actif* qui exprime l'action d'une personne ou d'une chose sur une autre, comme j'avertis. Le verbe *passif* exprime l'action reçue par une personne, comme je suis averti. Le verbe *neutre* qui exprime l'état ou la position de quelqu'un, comme je suis debout.

12. *D.* Qu'est-ce qu'un Participe ?

R. Le Participe est un espèce d'adjectif qui exprime l'état de la personne ou de la chose qui fait l'action *aimant* est participe présent, *aimé* est participe parfait passif.

Le participe terminé par *ant*, est généralement indéclinable, c'est-à-dire, qu'on n'y distingue ni masculin ni féminin, ni singulier, ni pluriel : *Les hommes aimant Dieu sont attentifs à suivre ses loix.* Il y a cependant certains adjectifs qui ressemblent à ces participes ; & ces adjectifs se déclinent. Ainsi on dira : *Un sang bouillant, une huile bouillante ; des bouillons rafraîchissans, des eaux dormantes.* Pour distinguer ces participes d'avec les adjectifs, il suffit de savoir que l'adjectif va très-bien avec le verbe *Etre* ; mais le participe nullement. Ainsi on dira très-bien : *je suis prévenant, vous êtes ravissantes, ils sont séduisans ;* ceux-là se déclinent. Mais on ne dira pas, *je suis luisant, vous êtes soupante, ils sont dormans ;* ceux-là ne se déclinent point.

Quant au participe passif, il est toujours indéclinable, étant suivi de son régime simple ; & au contraire, il ſe décline toujours quand il en eſt précédé. Exemples : *J'ai reçu vos lettres , les lettres que j'ai reçues ; les tableaux qu'il a faits à Rome ;* mais dites , *les chaleurs qu'il a fait cette année.*

13. *D.* Qu'eſt ce qu'un Adverbe ?

R. L'Adverbe eſt un mot qui ne change point de terminaiſon, & qui ſe trouve près du verbe pour en marquer le temps , le lieu ou la manière dont ſe fait l'action, comme *tant , quand , là , où.*

14. *D.* Qu'eſt-ce qu'une Prépoſition ?

R. La Prépoſition eſt un mot qui ne change point de terminaiſon, & qu'on met devant les noms ou l'infinitif des verbes ; comme *hors, à , par, avec , contre , dans , auprès,* &c.

15. D. Qu'eſt-ce qu'une Conjonction ?

R. La Conjonction eſt un mot qui ſert à lier les phraſes ; comme *ou, ſi , lorſque , & , quand , encore que ,* &c.

16. D. Qu'eſt-ce qu'une Interjection ?

R L'Interjection eſt un mot employé pour exprimer un mouvement extraordinaire de l'ame, comme *hélas ! ah !* &c.

17. D. Qu'eſt-ce qu'un Accent?

R. On appelle Accens de petits traits qu'on met ſur des voyelles.

18. *D.* Combien y a-t-il d'accens ?

R. Il y a trois fortes d'accens ; favoir l'accent *aigu* , l'accent *grave* , et l'accent *circonflexe*.

19. *D.* Comment emploie-t-on l'accent aigu ?

R. L'accent aigu eft un petit trait penché de droite à gauche , ainfi qu'on le voit dans *témérité* , fur chacun des *é*.

20. *D.* Que dites-vous de l'accent grave ?

R. L'accent grave eft un petit trait penché de gauche à droite , comme dans *progrès* ou *là* adverbe.

21. *D.* Qu'eft-ce que l'accent circonflexe ?

R. L'accent circonflexe eft la réunion des deux autres accens, comme dans *être*.

22. *D.* Qu'eft-ce que l'Apoftrophe ?

R. L'Apoftrophe eft un petit trait courbe, fait comme la virgule, qu'on met au-deffus d'une lettre au lieu de quelque voyelle qu'on a retranchée, ainfi on dit *l'orgueil*, au lieu de *le orgueil.*

23. *D.* Qu'eft-ce qu'un Tiret ?

R. Le Tiret eft un petit trait qui fe met entre deux mots, & les fait prononcer comme s'il n'y en avoit qu'un, comme *chef-d'œuvre.*

24. *D.* Qu'eft-ce que la Cédile ?

R. La Cédille eft un petit *c* retourné qu'on met fous la lettre *c* quand elle précède *a*, *o*, *u*, pour la faire prononcer comme une *s*, comme dans *garçon.*

25. **D.** Qu'eſt-ce que le point d'Interrogation?

R. Le point d'Interrogation eſt un point qui ſe met après des interrogations & des demandes, comme après ces mots : *Dois-je me plaindre de ma fortune?*

26. **D.** Que dites - vous du point d'Exclamation?

R. Le point d'Exclamation eſt un point qui ſe met à la fin des phraſes qui expriment une exclamation, comme *quelle foupleſſe!*

27. D. Qu'obſervez-vous ſur les lettres capitales ou grandes.

R. 1.º On commence par une lettre capitale l^e premier mot d'un diſcours & de chaque vers. 2.º On écrit avec une grande lettre tous les noms d'homme, de religion & de ſcience. 3.º On écrit de même tous les noms de royaume, de fleuve & de ville. 4.º Tous les noms de dignité, de charge, de mois & de jour.

NOUVEAU

RECUEIL DE MOTS

D'ORTHOGRAPHE.

Abaiffer, *v. act.*
abandonner, *v. act.*
abeille, *s. f.*
abhorrer, *v. a.*
abject, ecte, *adj.*
abondamment, *adv.*
abondance, *s. f.*
abord, *s. m.*
abrégé, *s. m.*
abri, *s. m.*
abfence, *s. f.*
abfolu, ue, *adj.*
abfoudre, *v. a.*
abfous, oute, *part.*
abftinence, *s. f.*
abus, *s. m.*
abyme, *s. m.*
accélérer, *v. a.*
accent, *s. m.*
acception, *s. f.*

accès, *s. m.*
acceffible, *adj.*
accident, *s. m.*
accompagner, *v. a.*
accord, *s. m.*
accumuler, *v. a.*
achat, *s. m.*
acquiefcer, *v. n.*
acquifition, *s. f.*
acquit, *s. m. quittance,
    décharge.*
addition, *s. f.*
adhérer, *v. n.*
adolefcence, *s. f.*
adouciffement, *s. m.*
adreffe, *s. f.*
adroit, oite, *adj.*
adverfaire, *s. m.*
adverfité, *s f.*
afliction, *s. f.*

affligeant, ante, *adj.*
affluence, *s. f.*
affront, *s. m.*
afin que, *conj.*
agacer, *v. a.*
agencer, *v. a.*
aggraver, *v. a.*
agiot, *s. m.*
agneau, *s. m.*
agrandir, *v. a.*
aguets, *s. m. pl.*
aider, *v. a.*
aigle, *s. m. & f.*
aigreur, *s. f.*
aigu, uë, *adj.*
aiguille, *s. f.*
aiguillon, *s. m.*
ail, *s. m. au pl.* aulx.
aile, *s. f.*
ailleurs, *adv.*
aimable, *adj.*
aîné, ée, *adj.*
ainsi, *conj.*
air, *s. m.*
airain, *s. m.*
aisance, *s. f.*
aise, *s. f.*
aisé, ée, *adj.*
ajuster, *v. a.*

alambiquer, *v. a.*
alarme, *s. f.*
alentour, *adv.*
aliment, *s. m.*
allaiter, *v. a.*
alléguer, *v. a.*
aller, *v. a.*
alliance, *s. f.*
allumer, *v. a.*
almanach, *s. m.*
alors, *adv.*
alphabet, *s. m.*
amant, ante, *s. m. & f.*
amas, *s. m.*
amasser, *v. a.*
ambiguité, *s. f.*
ambitieux, euse, *adj.*
ambition, *s. f.*
amande, *s. f. fruit.*
amende, *s. f. peine pé-*
  cuniaire.
amendement, *s. m.*
amer, ère, *adj.*
ami, amie, *s. m. & f.*
amollir, *v. a.*
amonceler. *v. a.*
amorce, *s. f.*
amphithéâtre, *s. m.*
amplifier, *v. a.*

an, *s. m. ou* année, *s. f.*
ancêtres, *s. m. pl.*
anciennement, *adv.*
ancre *d'un navire*, *s. f.*
anéantir, *v. a.*
animosité, *s. f.*
anneau, *s. m.*
anniversaire, *s. & adj.*
annoncer, *v. a.*
anoblir, *v. a.*
anonyme, *adj.*
anticiper, *v. a.*
antidote, *s. m.*
antipathie, *s. f.*
antipodes, *s. m. pl.*
antiquité, *s. f.*
anxiété, *s. f.*
apaiser, *v. a.*
apercevoir, *v. a.*
apostropher, *v. a.*
appareil, *s. m.*
apparence, *s. f.*
appas, *s. m. charme.*
appât, *s. m. amorce.*
appauvrir, *v. a.*
appeler, *v. a.*
appesantir, *v. a.*
appétit, *s. m.*
applaudir, *v. n.*

application, *s. f.*
apprécier, *v. a.*
appréhension, *s. f.*
apprenti, ie, *s. m. & f.*
apprentissage, *s. m.*
apprêt, *s. m.*
appui, *s. m.*
âpre, *adj.*
âpreté, *s. f.*
araignée, *s. f.*
arbitraire, *adj.*
arbrisseau, *s. m.*
ardent, ente, *adj.*
argent, *s. m.*
aride, *adj.*
arracher, *v. a.*
arranger, *v. a.*
arrêter, *v. a.*
arrhes, *s. f. pl.*
arrière, *adv.*
arriver, *v. n.*
arrogance, *s. f.*
arroser, *v. a.*
arsenal, *s. m.*
art, *s. m. méthode,*
  adresse de bien faire
  un ouvrage.
artifice, *s. m.*
artisan, *s. m.*

ascendant, *s. m.*
ascension, *s. f.*
aspect, *s. m.*
assaillir, *v. a.*
assaisonner, *v. a.*
assassinat, *s. m.*
assaut, *s. m.*
assemblage, *s. m.*
asseoir, *v. a.*
asservir, *v. a.*
assez, *adv.*
assidu, ue, *adj.*
assiéger, *v. a.*
assiette, *s. f.*
assigner, *v. a.*
assistance, *s. f.*
associer, *v. a.*
assommer, *v. a.*
assortir, *v. a.*
assoupir, *v. a.*
assouvir, *v. a.*
assujettir, *v. a.*
assurance, *s. f.*
asthme, *s. m. difficulté de respirer.*
asyle, *s. m.*
athée, *s. m. & f. celui qui ne croit pas en Dieu.*

athléte, *s. m.*
atroce, *adj.*
atrocité, *s. f.*
atteindre, *v. a.*
atteinte, *s. f.*
attendre, *v. a.*
attentat, *s. m.*
attention, *s. f.*
attirail, *s. m.*
attrait, *s. m.*
au, *particule qui ne se met que devant le singulier des noms masculins qui commencent par une consonne.*
au pis aller, *adv.*
avancer, *v. a. & n.*
avantageux, euse, *adj.*
avant-coureur, *s. m.*
avant-propos, *s. m.*
aube, *s. f. la pointe du jour.*
aucun, aucune, *adj.*
audace, *s. f.*
audacienx, euse, *adj.*
au-delà, *prép.*
audience, *s. f.*
auditoire, *s. m.*

avenir , *s. m.*
aventure , *s. f.*
averſion , *s. f.*
aveu , *s. m.*
aveugle , *adj.*
augmenter , *v. a.*
augure , *s. m.*
auguſte , *adj. grand , vénérable.*
aujourd'hui , *adv.*
avilir , *v. a.*
avis , *s. m.*
aumône , *s. f.*
aune , *meſure , s. f.*
auparavant , *adv.*
auſpice , *s. m.*
auſtère , *adj.*
auſtérité , *s. f.*
auſſi , *conj.*
autant , *adv.*
autel , *s. m. lieu élevé ſur lequel on fait un ſacrifice.*
auteur , *s. m. le premier inventeur de quelque choſe.*
authentique , *adj.*
automne , *s. f. & m.*
autoriſer , *v. a.*

autorité , *s. f.*
autrefois , *adv.*
autrement , *adv.*
autrui , *s. m. qui n'a point de pluriel.*
auxiliaire , *adj.*
axiome , *s. m.*
azur , *s. m.*
babil , *s. m.*
babillard , arde , *adj.*
badin , badine , *adj.*
bagatelle , *s. f.*
baigner , *v. a.*
bail , *s. m. & au plur. baux.*
bâiller , *v. n. faire des bâillemens.*
bain , *s. m.*
baiſer , *v. a.*
balancer , *v. a. & n.*
baleine , *s. f.*
balle , *s. f.*
ballon , *s. m.*
ban , *s. m.*
banal , ale , *adj.*
banc , *s. m. ſorte de ſiège.*
bandeau , *s. m.*
banlieue , *s. f.*

bannir, *v. a.*
banniſſement, *s. m.*
banquier, *s. m.*
barreau, *s. m.*
barrière, *s. f.*
bas, baſſe, *adj.*
baſe, *s. f.*
baſſeſſe, *s. f.*
bataille, *s. f.*
bateau, *s. m.*
bâtir, *v. a.*
bâton, *s. m.*
beaucoup, *adv.*
beau-père, *s. m.*
beauté, *s. f.*
bégayer, *v. n.*
belliqueux, euſe, *adj.*
bénédiction, *s. f.*
bénéficence, *s. f.*
benin, bénigne, *adj.*
bercail, *s. m.*
berceau, *s. m.*
berger, ère, *s. m. & f.*
bétail, *s. m. au pluriel* beſtiaux.
bête, *s. f.*
bévue, *s. f.*
biais, *s. m.*
bibliothécaire, *s. m.*

bibliothèque, *s. f.*
bien, *adv. très, beaucoup, parfaitement.*
bienfaiſant, ante, *adj.*
bienfait, *s. m. faveur, grace.*
bien fait, bien faite, *adj. bien tourné, bien exécuté.*
bienſéance, *s. f.*
bienveillance, *s. f.*
bigarrure, *s. f.*
bigot, bigote, *adj.*
bijou, *s. m.*
biſcuit, *s. m.*
bizarre, *adj.*
blâmer, *v. a.*
blanc, blanche, *adj.*
blaſphème, *s. m.*
bleſſer, *v. a.*
bleu, bleue, *adj.*
bleuâtre, *adj.*
blocus, *s. m.*
blond, blonde, *adj.*
bœuf, *s. m.*
bois, *s. m.*
boiſſon, *s. f.*
boiteux, euſe, *adj. & s.*
bonace, calme, *s. f.*

bonheur, *s. m.*
bord, *s. m.*
bosse, *s. f.*
bossu, ue, *adj. & s.*
boucher, *s. m.*
bouffi, bouffie, *part.*
bouillant, ante, *adj.*
boulevart, *s. m.*
bourg, *s. m.*
bourgeois, geoise, *s. m. & f.*
bourgeonner, *v. n.*
bourreau, *s. m.*
bout, *s. m. extrêmité.*
bracelet, *s. m.*
brancard, *s. m.*
branler, *v. a.*
bras, *s. m.*
brasser, *v. a.*
brebis, *s. f.*
breuvage, *s. m.*
brigand, *s. m.*
brillant, ante, *adj.*
brouillard, *s. m.*
broussailles, *s. f. pl.*
bruit, *s. m.*
brut, ute, *adj.*
bûcher, *s. m.*
butin, *s. m.*

Çà & là, *adv.*
cabale, *s. f.*
cabinet, *s. m.*
cachot, *s. m.*
cadavre, *s. m.*
cadeau, *s. m.*
cadet, cadette, *adj.*
caducité, *s. f.*
caduc, caduque, *adj.*
cahier, *s. m.*
cahute, *s. f.*
caillou, *s. m.*
cajoler, *v. a.*
caisse, *s. f.*
calme, *s. m. & adj.*
calville, *pomme. s. f.*
camayeux, *tableau s. m.*
camp, *s. m.*
campagne, *s. f.*
candeur, *s. f.*
canton, *s. m.*
capacité, *s. f.*
caprice, *s. m.*
captieux, euse. *adj.*
caqueter, *v. n.*
caractère, *s. m.*
caresser, *v. a.*
carnage, *s. m.*

carquois, *s. m.*

carreau, *s. m.*

carrefour, *s. m.*

carrière, *s. f.*

carte, *s. f.*

cas, *s. m. action, eſtime.*

cataſtrophe, *s. f.*

catéchiſer, *v. a.*

catéchumène, *adj. &*
s. m. & f.

à cauſe *de, prép.*

caution, *s. f.*

ce, cet, cette, *au pl.*
ces, *adj. qui indique*
les perſonnes ou les
choſes.

céans, *adv. ici dedans.*

céder, *v. a.*

ceint, *part. environné.*

célèbre, *adj.*

célérité, *s. f.*

céleſte, *adj.*

célibat, *s. m.*

celui-ci, celle-ci, *pr.*

celui-là, celle-là, *pr.*

c'en *pour* ce en.

cendre, *s. f.*

cénotaphe, *s. m, tom-*
beau vide.

cens, *s. m. dénombre-*
ment.

cenſure, *s. f.*

cent, *adj. num.*

centre, *s. m.*

centuple, *s. m.*

cependant, *adv.*

cercle, *s. m.*

cercueil, *s. m.*

cérémonie, *s. f.*

certain, aine, *adj.*

certes, *adv.*

certificat, *adj.*

certitude, *s. f.*

certifier, *v. a.*

cerveau, *s. m.*

ceſſer, *v. n.*

chacun, une, *pron.*

chagrin, *s. m.*

chaîne, *s. f. lien.*

chair, *s. f. viande des*
animaux, l'humanité,
ſes foibleſſes.

chaire, *s. f. ſiège élevé*
où eſt aſſis celui qui
parle en public.

champ, *s. m. pièce de*
terre cultivée.

champêtre, *adj.*

fur-le-champ, *fans dé-*
 lai, façon de parler
 adverbiale.
chanceler , *v. n.*
changeant , ante. *adj*
chant , *s. m. élévation*
 & inflexion de voix.
chaos , *s. m.*
chariot , *s. m.*
chaffer , *v. a.*
château , *s. m.*
chatouiller , *v. a.*
chaud , aude, *adj.*
chauffer , *v. a.*
chaumière , *s. f.*
chauve , *adj.*
chef-d'œuvre , *s. m.*
chemin , *s. m.*
cher, ère. *adj. de gran-*
 de valeur , chéri.
chère , *s. f. régal , bon*
 repas.
choix , *s. m.*
choquant, ante , *adj.*
cibe , *s. f.*
cicatrice , *s. f.*
ci-deffous , *adv.*
ci-deffus , *adv.*
cimenter , *v. a.*

cimetière , *s. m.*
cinq , *adj. num. le nom-*
 bre qui eft entre qua-
 tre & fix.
cinquante , *adj. num.*
circonfpect , ecte , *adj.*
circonftance , *s. f.*
circuit , *s. m.*
circuler , *v. n.*
cire , *s. f.*
citadelle , *s. f.*
citer , *v. a.*
citoyen, enne, *s. m. & f.*
civilité , *s. f.*
clabauder , *v. n.*
clairement , *adv.*
clair-voyant, ante, *adj.*
claffe , *s. f.*
claufe , *s. f. condition*
 principale.
clémence , *s. f.*
climat , *s. m.*
clin-d'œil , *s. m.*
clinquant , *s. m.*
clos, clofe , *adj. fermé,*
colère , *s. f.*
collégue , *s. m.*
colline , *s. f.*
colonnne , *s. f.*

coloris, *s. m.*
combat, *s. m.*
combinaison, *s. f.*
commander. *v. a.*
commencer, *v. a.*
commentaire, *s. m.*
commerce, *s. m.*
commodité. *s. f.*
communauté, *s. f.*
compagnie, *s. f.*
compagnon, *s. m.*
comparaison, *s. f.*
compaſſion, *s. f.*
compenſer, *v. a.*
complaiſance, *s. f.*
complexion, *s. f.*
complice, *adj.*
complot, *s. m.*
compte, *s. m. l'action de compter.*
comte, *s. m. nom de dignité.*
conception, *s. f.*
concerner, *v. a.*
concert, *s. m.*
concerter, *v. a.*
concevoir, *v. a.*
concilier, *v. a.*

concis, iſe, *adj.*
concours, *s. m.*
condamner, *v. a.*
condeſcendance, *s. f.*
condition, *s. f.*
confiance, *s. f.*
confidence, *s. f.*
confus, uſe, *adj.*
congédier, *v. a.*
conjonĉture, *s. f.*
conjuration, *s. f.*
connexion, *s. f.*
connivence, *s. f.*
conquête, *s. f.*
conſcience, *s. f.*
conseil, *s. m.*
conseiller, *v. a.*
conſentement, *s. m.*
conséquence, *s. f.*
conféquent, enté, *adj. ne ſe dit que des perſonnes.*
conſerver, *v. a.*
conſidérer, *v. a.*
conſiſtance, *s. f.*
conſolation, *s. f.*
conſommé, ée, *adj.*
conſtance, *s. f.*

consulter, v. a.
contagieux, euse, adj.
conte, s. m. narration
contemplation, s. f.
contemporain, aine, adj
contenance, s. f.
content, ente, adj.
contention, s. f.
continence, s. f.
contraindre, v. a.
contraire, adj.
contrat, s. m.
contravention, s. f.
contrecarrer, v. a.
contre-coup, s. m.
contre-ordre, s. m.
contre-poids, s. m.
contre-sens, s. m.
contre-temps, s. m.
convaincant, ante, adj.
convalescence, s. f.
convenance, s. f.
conserver, v. a.
conviction, s. f.
convoi, s. m.
corps, s. m.
correct, ecte, adj.
correspondance, s. f.
corrompre, v. a.

corruption, s. f.
corsaire, s. m.
cortége, s. m.
côté, s. m.
coup, s. m.
coupe-jarret, s. m.
courage, s. m.
courir, v. a.
couronne, s. f.
courroux, s. m.
cours, s. m. la durée
    ou les progrès des
    choses.
course, s. f.
court, courte, adj. qui
    a peu de longueur.
courtisan, s. m. & adj.
cousin, ine, s. m. & f.
couvert, erte, adj.
craindre, v. a.
crasse, s. f.
crayon, s. m.
créancier, s. m.
crédit, s. m.
creux, euse, adj.
criaillerie, s. f.
cruauté, s. f.
crucifier, v. a.
cueillir, v. a.

cuirasse, *s. f.*
culbuter, *v. a.*
cultiver, *v. a.*
cupidité, *s. f.*
curiosité, *s. f.*
Daigner, *v. n.*
danger, *s. m.*
dans, *prép.*
danser, *v. a.*
davantage, *adv.*
de, *prép. qui se met pour l'article des indéfinis quand l'adjectif précède le substantif :* de belles choses.
débat, *s. m.*
débauche, *s. m.*
débit, *s. m.*
débris, *s. m.*
début, *s. m.*
décadence, *s. f.*
décéler, *v. a.*
décence, *s. f.*
décerner, *v. a.*
décès, *s. m.*
décider, *v. a. & n.*
déclin, *s. m.*
décoration, *s. f.*

décret, *s. m.*
décri, *s. m.*
dédain, *s. m.*
dedans, *adv.*
dédicace, *s. f.*
défaillance, *s. f.*
défaite, *s. f.*
défaut, *s. m.*
défense, *s. f.*
déférence, *s. f.*
défi, *s. m.*
défiance, *s. f.*
dégât, *s. m.*
dehors, *prép. &* s, *m.*
déjà, *adv.*
délai, *s. m.*
délasser, *v. a.*
délicat, ate, *adj.*
demander, *v. a.*
démangeaison, *s. f.*
d'en, *prép. & adv.* il souhaite d'en sortir.
denrée, *s. f.*
départ, *s. m.*
dépayser, *v. a.*
dépense, *s. f.*
dépositaire, *s. m. & f.*
dépouiller, *v. a.*

dès , *marquant le tems,*
   prép. & adv.
defcendre , *v. n.*
defcription , *s. f.*
défert ; erte , *adj.*
déshabituer , *v a.*
déshériter ; *v. a.*
défintéreffé , ée , *adj.*
déforienter , *v. a.*
déformais , *adv.*
deffein ; *s. m.*
deffiller , *v. a.*
deftin , *s. m.*
détail , *s. m.*
détroit , *s. m.*
deuil , *s. m.*
deux ; *adj. marquant le*
   nombre.
d'eux , *pron. ne mar-*
   quant pas le nombre.
deuxième , *adj.*
dévot , ote ; *adj.*
dialogue , *s. m.*
diamant , *s. m.*
différens , différentes ,
   adj. pl. fignifiant plu-
   fieurs.
difficile , *adj.*
diffus , ufe , *adj.*

digérer , *v. a.*
diligence , *s. f.*
diphthongue , *s. f.*
direction , *s. f.*
difcerner , *v. a.*
difcipline , *s. f.*
difcours , *s. m.*
difcrétion , *s. f.*
difculper , *v. a.*
difcuffion , *s. f.*
difette , *s. f.*
difgracier , *v. a.*
difpenfer , *v. a.*
difperfer ; *v. a.*
difpofition , *s. f.*
diffemblable , *adj.*
diffention , *s. f.*
differtation , *s. f.*
diffimuler , *v. a.*
diffiper , *v. a.*
diffolue ; ue , *adj.*
diffoudre , *v. a.*
diffuader ; *v. a.*
diftance , *s. f.*
diftinct , incte ; *adj.*
diftrait , aite ; *adj.*
diverfifier ; *v. a.*
divers , diverfes , *adj.*
   pl. fignifiant plufieurs.

divin, ine, *adj.*
divorce, *s. m.*
dix, *adj. num.*
docilité, *s. f.*
dogme, *s. m.*
doigt, *s. m. partie de la main ou du pied.*
domaine, *s. m.*
domicile, *s. m.*
dommageable, *adj.*
dompter, *v. a.*
don, *s. m. préfent qu'on fait à quelqu'un.*
donc, *conj. par confé-quent.*
dont, *particule qui fert de pronom pour du-quel, de laquelle; defquels, defquelles.*
dos, *s. m.*
d'où *adv. marquant le lieu.*
douteux, eufe, *adj.*
doux, douce, *adj. plein de douceur.*
drap, *s. m.*
dû, due, *part.*
duplicité, *s. f.*

d'y, *pour de y, prép. qui ne fe met que devant l'infinitif. Je viens d'y entrer.*
Ebaucher, *v. a.*
ébranler, *v. a.*
écart, *s. m.*
écervelé, ée, *adj.*
écháufaud, *s. m.*
échangé, ée, *part.*
échéance, *s. f.*
échec, *s. m.*
écho, *s. m.*
échouer, *v. a.*
éclaircir, *v. a.*
éclat, *s. m.*
écolier, ière, *s. m. & f.*
économie, *s. f.*
écorce, *s. f.*
écrit, *s. m.*
écriteau, *s. m.*
écrivain, *s. m.*
édit, *s. m.*
éducation, *s. f.*
effacer, *v. a.*
effet, *s. m.*
efficace, *s. f. & adj.*
effort, *s. m.*
effrayer, *v. a.*

effréné, ée, *adj.*
effroi, *s. m.*
égard, *s. m.*
égarement, *s. m.*
égayer, *v. a.*
élégance, *s. f.*
éléphant, *s. m.*
élever, *v. a.*
éloquence, *s. f.*
émail, *s. m.*
emballer, *v. a.*
embarquer, *v. a.*
embarras, *s. m.*
embaumer, *v. a.*
embellir, *v. a.*
emblême, *s. m.*
embonpoint, *s. m.*
embouchure, *s. f.*
embraſſer, *v. a.*
embrouiller, *v. a.*
embuſcade, *s. f.*
émeraude, *s. f.*
éminent, ente, *adj.*
émiſſaire, *s. m.*
emmailloter, *v. a.*
émotion, *s. f.*
s'emparer, *v. récip.*
empêcher, *v. a.*
emphaſe, *s. f.*

empiéter, *v. a.*
empire, *s. m. pouvoir,*
  autorité.
emplette, *s. f.*
emploi, *s. m.*
empoiſonner, *v. a.*
empreſſement, *s. m.*
emprunt, *s. m.*
enceinte, *s. f.*
encens, *s. m.*
enchanter, *v. a.*
enchérir, *v. a.*
enclin, ine, *adj.*
enclos, *s. m.*
enclume, *s. f.*
encore, *adv.*
encre, *s. f.*
en deçà, *prép.*
endroit, *s. m.*
endurcir, *v. a.*
énerver, *v. a.*
enfance, *s. f.*
enfer, *s. m.*
enflammer, *v. a.*
enflure, *s. f.*
enfoncer, *v. a.*
enfreindre, *v. a.*
engageant, ante, *adj.*
engelure, *s. f.*

engloutir, *v. a.*
engourdir, *v. a.*
engraisser, *v. a.*
enhardir, *v. a.*
enjamber, *v. n.*
enjoliver, *v. a.*
enjoué, ée, *adj.*
enivrer, *v. a.*
enlaidir, *v. a.*
ennemi, ie, *s. m. & f.*
ennui, *s. m.*
énorgueillir, *v. a.*
enrichir, *v. a.*
enrôler, *v. a.*
enseigner, *v. a.*
ensemble, *adv.*
ensemencer, *v. a.*
ensevelir, *v. a.*
s'ensuivre, *v. n.*
entamer, *v. a.*
entasser, *v. a.*
entendre, *v. a.*
entêté, ée, *adj.*
enthousiasme, *s. m.*
entier, ière, *adj.*
entourer, *v. a.*
entr'autres.
entraîner, *v. a.*
ntrelacer, *v. a.*

entretien, *s. m.*
entrevoir, *v. a.*
entr'eux, *prép. & pro.*
envahir, *v. a.*
envelopper, *v. a.*
envenimer, *v. a.*
envers, *prép. à l'égard de.*
à l'envi, *façon de parler adverbiale,*
envieux, euse, *adj.*
environ, *prép.*
épais, aisse, *adj.*
épargner, *v. a.*
épars, arse, *adj.*
épaule, *s. f.*
épigramme, *s. f.*
épitaphe, *s. f.*
épithète, *s. f.*
épouvanter, *v. a.*
époux, ouse, *s. m. & f.*
équilibre, *s. m.*
équivoque, *adj.*
ermitage, *s. m. ou hermitage.*
ermite, *s. m. où hermite*
érudition, *s. f.*
escadron, *s. m.*
escalader, *v. a.*

efcalier, *s. m.*

efcorte, *s. f.*

efpace, *s. m.*

efpèce, *s. f.*

efpérance, *s. f.*

efprit, *s. m.*

effai, *s. m.*

effaim, *s. m.*

effentiel, elle, *adj.*

effor, *s. m.*

effuyer, *v. a.*

eftomac, *s. m.*

état, *s. m. difpofition dans laquelle fe trouve une perfonne ou une affaire.*

éteindre, *v. a.*

étendard, *s. m.*

étincelle, *s. f.*

étourdi, ie, *s. m. & f.*

étrangler, *v. a.*

étrenne, *s. f.*

étroit, oite, *adj.*

évacuer, *v. a.*

éventer, *v. a.*

évidence, *s. f.*

exact, acte, *adj.*

exagérer, *v. a.*

exalter, *v. a.*

examiner, *v. a.*

exaucer, *v. a. écouter favorablement.*

excellence, *s. f.*

exception, *s. f.*

excès, *s. m.*

exceffif, ive, *adj.*

exciter, *v. a.*

exécution, *s. f.*

exemplaire, *s. m. & adj.*

exempt, empte, *adj. & au pl. exempts.*

exercice, *s. m.*

exhalaison, *s. f.*

exhorter, *v. a.*

exiler, *v. a.*

exiftence, *s. f.*

exorbitant, ante, *adj.*

expédient, *s. m.*

expédition, *s. f.*

expérience, *s. f.*

expérimenter, *v. a.*

expert, erte, *adj.*

exploit, *s. m.*

expofer, *v. a.*

exprès, effe, *adj.*

expreffion, *s. f.*

exquis, ife, *adj.*

extrait, *s. m.*

extraordinaire, *adj.*

extravagance, *s. f.*

Facétieux, euse, *adj.*

facile, *adj.*

façon, *s. f.*

faculté, *s. f.*

faillir, *v. n.*

faim, *s. f. désir, besoin de manger.*

fainéant, ante, *adj.*

faisceau, *s. m.*

faîte, *s. m. comble.*

faix, *s. m. charge, fardeau.*

falsifier, *v. a.*

familier, ière, *adj.*

famille, *s. f.*

fange, *s. f.*

fantaisie, *s. f.*

fantassin, *s. m.*

fantôme, *s. m.*

fard, *s. m.*

fardeau, *s. m.*

fasciner, *v. a.*

fatras, *s. m.*

faubourg, *s. m.*

faucher, *v. a.*

faucille, *s. f.*

favori, *s. m. & adj.*

faussaire, *s. m.*

fausseté, *s. f.*

faute, *s. f.*

fauteur, *s. m.*

faux, fausse, *adj.*

faux-semblant, *s. m.*

fécond, onde, *adj.*

feinte, *s. f.*

félicité, *s. f.*

femme, *s. f.*

fer, *s. m.*

fermentation, *s. f.*

férocité, *s. f.*

fertile, *adj. m. & f.*

fervent, ente, *adj.*

festin, *s. m.*

fête, *s. f. réjouissance.*

feuilleter, *v. a.*

fiançailles, *s. f. pl.*

fiction, *s. f.*

fidèle, *s. m. & adj.*

fierté, *s. f.*

filleul, eule, *s. m. & f.*

fils, *s. m. un enfant mâle.*

fin, *s. f. extrémité.*

fin, fine, *adj. rusé.*

finance, *s. f.*

fixer, *v. a.*

flairer , *v. a.*
flambeau , *s. m.*
flamme , *s. f.*
fléau , *s. m.*
flétrir , *v. a.*
florin , *s. m.*
flot , *s. m. eau agitée.*
flux , *s. m.*
foi, *s. f. action de croire*
foiblesse , *s. f.*
fois , *s. f. terme qui ne s'emploie qu'avec les noms de nombre.*
fomenter , *v. a.*
fonction , *s. f.*
fond , *s. m. l'endroit le plus bas d'une chose.*
fond , *du verbe* fondre.
fonds , *s. m. de terre d'esprit.*
fontaine , *s. f.*
font , *du verbe* faire.
fonts , *s. m. pl. de baptême.*
forçat , *s. m.*
forcené, ée , *adj.*
forêt , *s. f.*
formulaire, *s. m.*
fortuit , uite , *adj.*

fosse, s *f. creux large & profond dans la terre.*
fouet , *s. m.*
fournaise, *s. f.*
fourrager , *v. a.*
fourreau , *s. m.*
fracas , *s. m.*
fracasser , *v. a.*
fragilité , *s. f.*
frais, fraîche , *adj.*
franc, franche , *adj.*
fraude, *s. f.*
frauduleux, euse , *adj.*
frein , *s. m.*
frêle , *adj.*
fréquenter , *v. a.*
friand , ande, *adj.*
frimas , *s. m.*
frissonner, *v. n.*
froid , oide, *adj.*
froisser , *v. a.*
front , *s. m.*
fruit , *s. m.*
funérailles , *s. pl.*
funéraire, *adj. m. & f.*
fuyard , *s. & adj.*
Gageure , *s. f. On prononce,* gajure.
gai, gaie , *adj.*

gaieté, *s. f.*
gaillard, arde, *adj.*
gain, *s. m.*
galant, ante, *adj.*
galère, *s. f.*
gangrène, *on prononce*
   cangrène, *s. f.*
garant, *s. f.*
garçon, *s. m.*
garrotter, *v. a.*
gâter, *v. a.*
gauche, *adj.*
gazouiller, *v. n.*
géant, *s. m.*
gémiffement, *s. m.*
gêner, *v. a.*
générofité, *s. f.*
génie, *s. m.*
genou, *s. m.*
genre, *s. m.*
gens, *s. m. & f. pl.*
gentilleffe, *s. f.*
geolier, *s. m.*
gefte, *s. m.*
gibet, *s. m.*
gibier, *s. m.*
glace, *s. f.*
glaive, *s. m.*
gliffer, *v. n.*

goguenard, arde, *adj.*
gofier, *s. m.*
gourmand, ande, *adj.*
gouvernail. *s. m.*
grain, *s. m.*
graine, *s. f.*
graiffe, *s. f.*
grand, grande, *adj.*
grand-père, *s. m.*
grand'chère, *s. f.*
grand'chofe, *s. f.*
grand'mère, *s. f. aïeule.*
gras, graffe, *adj.*
gratuit, ite, *adj.*
grêle, *s. f.*
grenier, *s. m.*
grimace, *s f.*
grimper, *v. n.*
grincer, *v. a.*
gris, ife, *adj.*
gros, groffe, *adj.*
groffeffe, *s. f.*
guère, *adv.*
guérifon, *s. f.*
guerre, *s. f.*
guet-à-pens, *s. m.*
gueux, gueufe, *adj.*
   & *s. m. & f.*
guindé, ée, *adj.*

Habile, *adj.*

habiller, *v. a.*

habit, *s. m.*

habiter, *v. a.*

habitude, *s. f.*

habler, *v. n.*

hacher, *v. a.*

haie, *s. f.*

haillon, *s. m.*

haine, *s. f.*

haïssable, *adj.*

haleine, *s. f.*

hâle, *s. m. effet de la grande chaleur du soleil.*

halle, *s. f. lieu où l'on décharge les marchandises.*

hameau, *s. m.*

hameçon, *s. m.*

hanter, *v. a.*

harangue, *s. f.*

harassé, ée, *part.*

harceler, *v. a.*

hardes, *s. f. pl.*

hardi, ie, *adj.*

hargneux, euse, *adj.*

harmonie, *s. f.*

hasard, *s. m.*

hâter, *v. a.*

havresac, *s. m.*

haut, haute, *adj. élevé*

hautain, aine, *adj.*

hautbois, *s. m. instrument.*

hauteur, *s. f. élévation. fierté.*

hébêté, ée, *adj. & s. m. & f.*

hécatombe, *s. f.*

hélas! *interj.*

hémisphère, *s. m.*

hémorragie, *s. f.*

hennir, *v. n.*

hennissement, *s. m.*

héraut, *s. m. crieur public.*

herbe, *s. f.*

héréditaire, *adj.*

hérésie, *s. f.*

hérissé, ée, *part.*

hérisson, *s. m.*

héritier, ère, *s. m. & f.*

héroïque, *adj.*

héros, *s. m. homme illustre.*

herse, *s. f.*

hésiter, *v. n.*

heure, s. f.
heureux, euse, adj.
heurter, v. a.
hibou, s. m.
hideux, euse, adj.
hier, adv de temps.
hiéroglyphe, s. m.
hirondelle, s. f.
histoire, s. f.
hiver, s. m.
hochet, s. m.
holà ! interj.
holocauste, s. m.
homicide, s. m.
homage, s. m.
homme, s. m.
honnête, adj.
honneur, s. m.
honorer, v. a.
honte, s. f.
hôpital, s. m.
horizon, s. m.
horloge, s. f.
horoscope, s. m.
horreur, s. f.
hors (hormis), prép.
hospitalité, s. f.
hostilité, s. f.
hôte, hôtesse, s. m. & f.

hôtel, s m. maison d'un
  Grand.
hôtellerie, s. f.
hotte, s. f.
houblon, s. m.
houlette, s. f.
huée, s. f.
huile, s. f.
huit, adj. num.
humble, adj.
humecter, v. a.
humeur, s. f.
humidité, s. f.
humilité, s. f.
hurler, v. n.
hydre, s. f.
hydropisie, s. f.
hymen, s. m.
hymne, s. m.
hyperbole, s. f.
hypocrisie, s. f.
hypothèque, s. f.
Jaloux, ouse, adj.
jamais, adv.
jambe, s. f.
jardin, s. m.
jargon, s. m.
ici-bas, façon de parler
  adverbiale.
jet-d'eau, s. m.

jeter , *v. a.*	implacable , *adj.*
jeu , *s. m.*	important, ante , *adj.*
à jeun , *adv.*	importun , une , *adj.*
jeuneffe, *s. f.*	impoffible , *adj.*
idiot , ote , *adj,*	impôt , *s. m.*
ignominie, *s. f.*	impreffion , *s. f.*
ignorance , *s. f.*	impudence , *s. f.*
illicite , *adj.*	inacceffible , *adj.*
illuminer , *v. a.*	inaction .*s. f.*
illufion , *s. m.*	inadvertance , *s. f.*
illuftre , *adj.*	inanimé , ée , *adj.*
imaginaire , *adj.*	inattention , *s. f.*
imbécillité , *s. f.*	incendie , *s. m.*
imitation , *s. f.*	inceffamment , *adv.*
immanquable , *adj.*	incefte , *s. m.*
immédiatement , *adv.*	incident , *s. m.*
immémorial , ale , *adj.*	inciter , *v. a.*
immenfe. *adj.*	inclination , *s. f.*
immenfement , *adv.*	incommode, *adj.*
imminent , ente , *adj.*	incompréhenfible, *adj.*
immobile , *adj.*	inconcevable , *adj.*
immoler , *v. a.*	incontinent , *adv.*
immortalité , *s. f.*	incorporer , *v. a.*
immuable , *adj*	incorruptible , *adj.*
imparfait , aite , *adj.*	inculquer , *v. a.*
impénitence , *s. f.*	incurfion , *s. f.*
imperceptible , *adj.*	indécence , *s. f.*
impertinence, *s. f.*	indécis , ife , *adj.*
impétuofité , *s. f.*	indemnifer , *v. a.*

indépendance, s. f.
indice, s. m.
indicible, adj.
indigence, s. f.
indispensable, adj.
indissoluble, adj.
indolence, s. f.
indulgence, s. f.
inébranlable. adj.
ineffaçable, adj.
inégalité, s. f.
inexorable, adj.
infaillible, adj.
infatigable, adj.
inflexible, adj.
influence, s. f.
ingénu, ue, adj.
ingrat, ate, adj.
inhabitable, adj.
inhumain, aine, adj.
inhumer, v. a.
inimitié, s. f.
iniquité, s. f.
injure, s. f.
innocence, s. f.
innombrable, adj.
innover, v. a.
inonder, v. a.
inopiné, ée, adj.

insensé, ée, adj.
insensible, adj.
insigne, adj.
insinuer, v. a.
insipide, adj.
insister, v. n.
insolence, s. f.
instance, s. f.
instinct, s. m.
insu, s. m. ou insçu.
insulter, v. a.
intarissable, adj.
intelligence, s. f.
intendance, s. f.
intention, s. f.
intercession, s. f.
intéressant, ante, adj.
intérêt, s. m.
interjection, s. f.
interjeter, v. a.
intérieur, eure, adj.
interroger, v. a.
intervalle, s. m.
intestin, ine, adj.
intrigue, s. f.
invincible, adj.
inutile, adj.
joaillerie, s. f.
jolie, ie, adj. & subst.

joncher, *v. a.*

jouer, *v. n. & a.*

joug, *s. m. servitude ;*
   sujétion.

jouissance, *s. f.*

journalier, ère, *adj.*

ironie, *s. f.*

irréconciliable, *adj.*

irrégularité, *s. f.*

irréligion, *s. f.*

irrémissible, *adj.*

irréparable, *adj.*

irrésolu, ue, *adj.*

irrévocable, *adj.*

irriter, *v. a.*

irruption, *s. f.*

isle, *ou* île, *s. f.*

issue, *s. f.*

judicieux, euse, *adj.*

jugement, *s. m.*

jus, *s. m.*

jusqu'à, *prép.*

jusques-à-ce.

jusqu'où.

justaucorps, *s. m.*

Là, *adv. marquant le*
   lieu.

laborieux, euse, *adj.*

labyrinthe, *s. m.*

lacérer, *v. a. déchirer.*

lâcheté, *s. f.*

laid, laide, *adj. dif-*
   forme.

laine, *s. f.*

laisser, *v. a.*

lait, *s. m. de femme,*
   de vache, &c.

laitage, *s. m.*

laiton, *s. m.*

lambris, *s. m.*

lamentable, *adj.*

lancer, *v. a.*

langage, *s. m.*

langueur, *s. f.*

laquais, *s. m.*

larcin, *s. m.*

larron, *s. m.*

las, lasse ; *adj. qui est*
   fatigué.

lasciveté, *s. f.*

lassitude, *s. f.*

laurier, *s. m.*

leçon, *s. f.*

légitime, *adj. & s. f.*

legs, *s. m. don fait par*
   un testateur.

lendemain, *s. m.*

lenteur, *s. f.*

lequel, laquelle, *pro-*
   nom.
lèse-majesté.
lettre, *s. f.*
liaison, *s. f.*
libertin, ine, *adj.*
libraire, *s. m.*
lice, *s. f.*
licence, *s. f.*
linceul, *s. m.*
linge, *s. m.*
lis, *s. m. fleur blanche.*
lit, *s. m. meuble dont on*
  se sert pour y coucher.
logis, *s. m.*
lointain, aine, *adj.*
losir, *s. m.*
long, longue, *adj.*
long-temps, *adv.*
lorsque, *conj.*
lot, *s. m. part, portion*
louange, *s. f.*
louis, *s. m. pièce d'or.*
lourd, ourde, *adj.*
luxe, *s. m.*
Maçon, *s. m.*
magasin, *s. m.*
magicien, *s. m.*
magnanimité, *s. f.*

magnificence, *s. f.*
majestueux, euse, *adj.*
majorité, *s. f.*
maigre, *adj. m. & f.*
maintenant, *adv.*
maintien, *s. m.*
mais, *conj. qui sert à*
  marquer contrariété.
maîtriser, *v. a.*
mal-aisé, mal-aisée, *adj.*
mâle, *s. m. & adj.*
malheur, *s. m.*
malin, igne, *adj.*
malle, *s. f. valise, petit*
  coffre.
manger, *v. a.*
manière, *s. f.*
manœuvre, *s. m. & f.*
manquer, *v. a. & n.*
manteau, *s. m.*
marais, *s. m.*
marchand, ande, *s. m.*
  & f. qui fait profes-
  sion d'acheter & de
  vendre.
mari, *s. m.*
marraine, *s. f.*
martial, ale, *s. m.*
massacre, *s. m.*

maſſe, *s. f.*
matelas, *s. m.*
matelot, *s. m.*
maudire, *v. a.*
mauſolée, *s. m.*
mauvais, aiſe, *adj.*
maux, *pl. de* mal, *s. m.*
maxime, *s. f.*
mécanique, *s. f. & adj.*
méchanceté, *s. f.*
mécompte, *s. m.*
médaille, *s. f.*
médiſance, *s. f.*
méditation, *s. f.*
meilleur, eure, *adj.* le
   comparatif de bon.
mélancolie, *s. f.*
mélange, *s. m.*
menacer, *v. a.*
mendicité, *s. f.*
menſonge, *s. m.*
mention, *s. f.*
mépris, *s. m.*
mercenaire, *adj.*
merci, *s. f.*
merveilleux, euſe, *adj.*
mes, *adj. pl. de* mon,
   ma.
meſſager, ère, *s. m. & f.*

meſſéant, ante, *adj.*
métamorphoſe, *s. f.*
métaphore, *s. f.*
méthode, *s. f.*
métier, *s. m.*
mets, *s. m.* ragoût.
meurtrier, ère, *s. m. & f.*
mieux, *adv* compara-
   tif de l'adverbe bien.
migraine, *s. f.*
milieu, *s. m.*
militaire, *adj. m. & f.*
mille, *adj.*
million, *s. m.*
mince, *adj.*
minutie, *s. f.*
miſſive, *s. f.*
modèle, *s. m.*
modération, *s. f.*
moelle, *s. f.*
mœurs, *s. f. pl.* manière
   de vivre.
moi, *pron.* moi-même.
moins, *adv.*
mois, *s. m.* douzième
   partie de l'année.
moiſſon, *s. f.*
moitié, *s. f.*
molleſſe, *s. f.*

monceau , *s. m. tas.*
mondain , aine , *adj.*
monnoie, *s. f.*
morceau , *s. m.*
moribond , onde , *adj.*
morigéner , *v. a.*
mort, *s. f. la fin de la vie.*
mot , *s. m. parole dite
ou écrite.*
mourir , *v. n.*
moyennant , *prép.*
munificence , *s. f.*
mûrement , *adv.*
mystère , *s. m.*
Nain , *s. m.*
naissance , *s. f.*
naître , *v. n. venir au
monde.*
naïveté , *s. f.*
narrer , *v. a.*
naufrage , *s. m.*
né, *part. du verbe naître.*
néanmoins , *conj.*
néant, *s. m.*
nécessaire, *adj. & s. m.*
négligence , *s. f.*
négoce , *s. m.*
neige , *s. f.*
nerf , *s. m.*

netteté , *s. f.*
nez, *s. m. partie du vi-
sage qui est entre le
front & la bouche.*
niais , niaise , *adj.*
nid , *s. m. petit réduit
où l'oiseau couve ses
petits.*
niveau , *s. m.*
noce , *s. f.*
nœud , *s. m.*
noircir , *v. a.*
nom , *s. m. terme dont
on se sert pour dé-
signer une personne
ou une chose.*
non, *adv. terme négatif.*
nonante , *adj. num.*
nonchalance , *s. f.*
nonobstant, *prép.*
nourriture , *s. f.*
nouveau , elle , *adj.*
nu , nue , *adj.*
nuance , *s. f.*
nuit , *s. f.*
nullement , *adv.*
nuptial , ale , *adj.*
Obéissance , *s. f.*
objet , *s. m.*

obligation , *s. f.*
obligeamment , *adv.*
obscénité , *s. f.*
obscurcir , *v. a.*
obséder , *v. a.*
obséques , *s. f. pl.*
observer , *v. a.*
obstacle , *s. m.*
obstination , *s. f.*
obtenir , *v. a.*
obvier , *v. n.*
occasion , *s. f.*
occupation , *s. f.*
occurence , *s. f.*
oculaire , *adj.*
odeur , *s. f.*
odieux , euse , *adj.*
odorat , *s. m.*
œil , *s. m.* yeux , *pl.*
œil de bœuf , *archit.*
œillade , *s. f.*
œuf , *s. m.*
œuvre , *s. f.*
offense , *s. f.*
office , *s. m.*
offrande , *s. f.*
oiseau , *s. m.*
oisiveté , *s. f.*
ombre , *s. f.*

onze , *adj. num.*
opiniâtreté , *s. f.*
opinion , *s. f.*
opulence , *s. f.*
or , *s. m. le métal le plus précieux de tous les métaux.*
oracle , *s. m.*
orage , *s. m.*
ordonnance , *s. f.*
oreille , *s. f.*
organe , *s. m.*
orgueil , *s. m.*
originaire , *adj.*
origine , *s. f.*
ornement , *s. m.*
orphelin, ine , *s. m. & f.*
oser , *v. n.*
ostentation , *s. f.*
ôter , *v. a.*
oubli , *s. m.*
oui , *part. d'affirmat.*
ouï, ouïe , *adj. entendu.*
outil , *s. m.*
outrageant, ante , *adj.*
outrance , (à) *adv.*
ouvert , te , *adj.*
ouvrier, ère , *s. m. & f.*
Pacifique , *adj.*

paillard, arde, *s. m. & f.*

pain, *s. m. la nourri-
ture, la subsistançe.*

pair, *adj. m. égal.*

paisible, *adj.*

paître, *v. a.*

paix, *s. f.*

palais, *s. m.*

pâle, *adj.*

pallier, *v. a. déguiser.*

panégyrique, *s. m.*

panneau, *s. m.*

papier, *s. m.*

par-ci, par-là, *adv.*

paradis, *s. m.*

parallèle, *adj.*

parce que, *conj.*

pardon, *s. m.*

pareil, eille, *adj.*

parent, ente, *s. m. & f.*

paresse, *s. f. fainéan-
tise.*

parfum, *s. m.*

pari, *s. m. gageure.*

parmi, *prép.*

paroître, *v. n.*

parole, *s. f.*

parrain, *s. m.*

parricide, *s. m.*

parsemer, *v. a.*

part, *s. f. en parlant de
la personne d'où vient
quelque chose, l'inté-
rêt qu'on y prend.*

partage, *s. m.*

partialité, *s. f.*

participer, *v. n.*

particulier, ère, *adj.*

partisan, *s. m.*

passager, ère, *adj.*

passe-port, *s. m.*

passe-temps, *s. m.*

passion, *s. f.*

pathétique, *adj.*

patiemment, *adv.*

pâtir, *v. n.*

patois, *s. m.*

pâture, *s. f.*

paupière, *s. f.*

pause, *s. f. repos.*

pauvreté, *s. f.*

payer, *v. a.*

pays, *s. m.*

paysan, anne, *s. m. & f.*

pécher, *v. n. désobéir
à Dieu.*

pêcher, *v. a. prendre
du poisson.*

peine, *s. f.*
peinture, *s. f.*
pêle-mêle, *adv.*
pénétration, *s. f.*
pénible, *adj.*
penſée, *s. f.*
pente, *s. f.*
pépinière, *s. f.*
perçant, ante, *adj.*
perclus, uſe, *adj.*
perdrix, *s. f.*
perfectionner, *v. a.*
périlleux, euſe, *adj.*
permanent, ente, *adj.*
permis, iſe, *adj.*
permiſſion, *s. f.*
pernicieux, euſe, *adj.*
perſévérance, *s. f.*
perſiſter, *v. n.*
perſonnage, *s. m.*
perſpicacité, *s. f.*
perſuaſion, *s. f.*
pertinemment, *adv*
pervers, erſe, *adj.*
petit, ite, *adj.*
peu, *adv. guère.*
peut-être, *adv. par*
    haſard.
pharmacie, *s. f.*

phlegme, *s. m.*
phraſe, *s. f.*
phyſionomie, *s. f.*
pièce, *s. f.*
pierreries, *s. f. pl.*
pigeon, *s. m.*
pillage, *s. m.*
pinceau, *s. m.*
pincer, *v. a.*
pis, *adj. comparatif de*
    l'adverbe mal.
pitié, *s. f.*
pivot, *s. m.*
place, *s. f.*
placet, *s. m.*
plaidoyer, *s. m.*
plain, aine, *adj. qui*
    eſt uni, plat, ſans
    inégalité.
plainte, *s. f.*
plaire, *v. n.*
plaiſamment, *adv.*
plan, *s. m. le deſſin, le*
    projet d'un ouvrage.
plat, ate, *adj.*
plauſible, *adj.*
plein, eine, *adj. rem-*
    pli, remplie.
pleinement, *adv.*

pli, *s. m.*

plomb, *s. m.*

plongé, ée, *part. & adj.*

plupart, *s. f.*

plufieurs, *adj. pl.*

plût-à-Dieu que, *conj.*

plutôt, *adv.*

poids, *s. m. pefanteur, autorité.*

poignard, *s. m.*

poing, *s. m. main fer- mée.*

point, *s. m. & négation.*

pointilleux, eufe, *adj.*

poiffon, *s. m.*

police, *s. f.*

politeffe, *s. f.*

poltron, onne, *s. & adj.*

pont, *s. m.*

populace, *s. f.*

populaire, *adj.*

port, *s. m. lieu où mouillent les vaif- feaux.*

portion, *s. f.*

portrait, *s. m.*

poffeffion, *s. f.*

pofthume, *adj.*

potence, *s. f.*

pouce, *s. m. le plus gros des doigts de la main.*

pourceau, *s. m.*

pourriture, *s. f.*

pourtant, *conj.*

pouffer, *v. a.*

pouffière, *s. f.*

prairie, *s. f.*

préambule, *s. m.*

précaution, *s. f.*

précéder, *v. a.*

précepte, *s. m.*

prêche, *s. m.*

précieux, eufe, *adj.*

précipitamment, *adv.*

précis, ife, *adj.*

précifion, *s. f.*

précoce, *adj.*

prédéceffeur, *s. m.*

prééminence, *s. f.*

préface, *s. f.*

préférence, *s. f.*

préjudice, *s. m.*

préjugé, *s. m.*

préliminaire, *adj.*

prémices, *s. f. pl.*

près , *prép.* proche ,
  environ.
préſage, *s. m.*
préféance, *s. f.*
préſenter, *v. a.*
préſider, *v. n.*
préſomption , *s. f.*
preſtance, *s. f.*
prêt , prête , *adj. diſ-*
  poſé, préparé à quel-
  que choſe.
prêter , *v. a.*
prévention , *s. f.*
prévoyance , *s. f.*
primauté , *s. f.*
principe , *s. m.*
printemps , *s. m.*
privauté , *s. f.*
prix, *s. m. valeur d'une*
  choſe , récompenſe
  qu'on donne au mé-
  rite.
probabilité , *s. f.*
precédé , *s. m.*
procès , *s. m.*
prochain, aine , *adj.*
profane , *adj.*
profit , *s. m.*
profond, onde , *adj.*

progrès , *s. m.*
prohiber , *v. a.*
projet , *s. m.*
prompt, prompte, *adj.*
prôner , *v. a.*
pronoſtic , *s. m.*
prophétie , *s. f.*
proportionner , *v. a.*
propos , *s. m.*
protêt , *s. m.*
providence , *s. f.*
province , *s. f.*
proximité , *s. f.*
prudence , *s. f.*
pſeaume , *s. m.*
puanteur , *s. f.*
public, publique , *adj.*
pudicité , *s. f.*
puiſque , *conj.*
puiſſance , *s. f.*
puits , *s. m. creux pro-*
  fond fait exprès pour
  en tirer de l'eau.
punais, aiſe , *adj.*
punition , *s. f.*
pyrrhoniſme , *s. m.*
Qu'a, *pour* que a , qu'a-
  t-on fait ?
quadrer, cadrer, *v. n.*

quadrupède, *s. m.*
quadruple, *s. m.*
qualifié, ée, *part.*
qualité, *s. f.*
quand, *adv. lorsque.*
quant, *adv. pour.*
quantième, *adj.*
quantité, *s. f.*
quarante, *adj. num.*
quart, *s. m. la quatrième partie d'un tout.*
quartier, *s. m.*
quasi, *adv. presque.*
quatorze, *adj. num.*
quatre, *adj. num.*
quel, quelle, *adj.*
quelconque, *pron.*
quelquefois, *adv.*
quelqu'un, une *s. m. & f.*
qu'en, *pour* que en, qu'en dira-t-on, *adv.*
quenouille, *s. f.*
querelle, *s. f.*
qu'est-ce ? *terme interrogatif.*
question, *s. f.*
queue, *s. f.*

quiconque, *pronom qui n'a point de pluriel.*
quinquina, *s. m.*
quintessence, *s. f.*
quinteux, euse, *adj.*
quinze, *adj. num.*
quittance, *s. f.*
quote-part, *s. f.*
qu'y, *pour* que y.
qu'y a-t-il ? *terme interrogatif.*
Rabais, *s. m.*
raccourcir, *v. a.*
race, *s. f.*
racine, *s. f.*
rafraîchir, *v. a.*
raillerie, *s. f.*
raisin, *s. m.*
raisonnable, *adj.*
ralentir, *v. a.*
ramper, *v. n.*
rançon, *s. f.*
rancune, *s. f.*
rang, *s. m. ordre.*
rapport, *s. m.*
rapt, *s. m. enlèvement.*
rassasier, *v. a.*
rassembler, *v. a.*
rassis, ise, *adj.*

rebellion , *s. f.*

rebours , *s. m.*

rebut , *s. m.*

récemment, *adv.*

récépissé , *s. m.*

réceptacle , *s. m.*

réception , *s. f.*

recette, *s. f.*

recevoir , *v. a.*

recherche , *s. f.*

récidive, *s. f.*

réciproque, *adj.*

récit , *s. m.*

récompense , *s. f.*

réconcilier , *v. a.*

reconnoissance, *s. f.*

recours , *s. m.*

reddition , *s. f.*

rédemption , *s. f.*

réflexion , *s. f.*

réfractaire , *adj.*

refrain , *s. m.*

refus , *s. m.*

regard , *s. m.*

régence, *s. f.*

regimber, *v. n.*

régime, *s. m.*

regiftre, *s. m.*

règle , *s. f.*

règne, *s. m.*

regret , *s. m.*

rehausser , *v. a.*

rejeton , *s. m.*

réitérer, *v. a.*

relâcher, *v. a.*

relais , *s. m.*

remarquable , *adj.*

rembourser , *v. a.*

remède , *s. m.*

remercier , *v. a.*

remontrance , *s. f.*

remords , *s. m.*

rempart, *s. m.*

remplacer , *v. a.*

remplir, *v. a.*

renard , *s. m.*

rencontrer, *v. a.*

rendez-vous , *s. m.*

renégat, *s. m.*

rênes , *s. f. pl. le gou-
vernement de l'Etat.*

renforcer, *v. a.*

renfort, *s. m.*

renouveler , *v. a.*

rente , *s. f.*

renverser , *v. a.*

repaire, *s. m. retraite
des bêtes farouches,*

répandre , *v. a.*
repas , *s. m.*
repentir , *s. m.*
répit , *s. m. relâche.*
réponse , *s. f.*
repos , *s. m.*
représailles , *s. f. pl.*
réprimande , *s. f.*
républicain , *adj. & s.*
répugnance , *s. f.*
réputation , *s. f.*
requête , *s. f.*
résidence , *s. f.*
résipiscence , *s. f.*
résistance , *s. f.*
résolu , ue , *adj.*
résonner , *v. n. retentir.*
résoudre , *v. a.*
respect , *s. m.*
responsable , *adj.*
ressemblance , *s. f.*
ressentiment , *s. m.*
resserrer , *v. a.*
ressort , *s. m.*
ressource , *s. f.*
ressouvenir , *s. m.*
ressusciter , *v. a. & n.*
restauration , *s. f.*
résultat , *s. m.*

résurrection , *s. f.*
retard , *s. m.*
retentir , *v. n.*
retour , *s. m.*
retraite , *s. f.*
retrancher , *v. a.*
rétrécir , *v. a.*
revancher , *v. a.*
réveiller , *v. a.*
revendiquer , *v. a.*
révérence , *s. f.*
rêverie , *s. f.*
revers , *s. m.*
réunir , *v. a.*
révolution , *s. f.*
réussir , *v. n.*
rhume , *s. m.*
ridicule , *adj.*
rocher , *s. m.*
rôle , *s. m.*
roman , *s. m.*
ronce , *s. f.*
rond , ronde , *adj.*
roseau , *s. m.*
rossignol , *s. m.*
rouille , *s. f.*
royauté , *s. f.*
rubis , *s. m.*
ruisseau , *s. m.*

ruiſſeler , *v. n.*
ruſtaud , *adj. groſſier.*
ruſticité , *s. f.*
Saccager , *v. a.*
ſagacité , *s. f.*
ſaigner , *v. a. & n.*
ſaillie , *s. f.*
ſain , ſaine , *adj. qui ſe porte bien.*
ſainement , *adv.*
ſaint , ſainte , *adj. qui remplit tous ses de-voirs.*
ſainteté , *s. f.*
ſaiſir , *v. a.*
ſaiſon , *s. f.*
ſalaire , *s. m.*
ſalle , *s. f. grande cham-bre.*
ſalut , *s. m.*
ſalutaire , *adj.*
ſanctifier , *v. a.*
ſang , *s. m.*
ſanglant , ante , *adj.*
ſanglier , *s. m.*
ſanglot , *s. m.*
ſangſue , *s. f.*
ſanguinaire , *adj. m. & f. cruel.*

ſans , *prép.*
ſans ceſſe , *adv.*
ſanté , *s. f.*
ſaper , *v. a.*
ſatiété , *s. f.*
ſatisfaction , *s. f.*
ſatyre , *s. f.*
ſavant , ante , *adj.*
ſauce , *s. f.*
ſauf-conduit , *s. m.*
ſavoir-vivre , *s. m.*
ſavourer , *v. a.*
ſaut , *s. m. action de ſauter.*
ſauvage , *adj.*
ſauver , *v. a.*
ſcabreux , ſcabreuſe , *adj.*
ſcandale , *s. m.*
ſceau , *s. m. cachet.*
ſcélérat , ate , *adj.*
ſceller , *v. a.*
ſcène , *s. f. partie du théâtre.*
ſceptre , *s. m.*
ſchiſme , *s. m.*
ſcience , *s. f.*
ſcrupule , *s. m.*
ſculpture , *s. f.*

ſéant, ante, *adj.*
ſec, ſèche, *adj.*
ſecond, onde, *adj.*
ſecours, *s. m.*
ſecouſſe, *s. f.*
ſecret, ette, *adj.*
ſecte, *s. f.*
ſécurité, *s. f.*
ſédentaire, *adj.*
ſéditieux, euſe, *adj.*
ſéduire, *v. a.*
ſein, *s. m.* d'une femme, de la terre.
ſeing, *s. m.* ſignature.
ſéjour, *s. m.*
ſeize, *adj. num.*
ſelon, *prép.*
ſemaine, *s. f.*
ſemence, *s. f.*
ſens, *s. m.* organe.
ſenſation, *s. f.*
ſenſé, ée, *adj.*
ſenſibilité, *s. f.*
ſenſualité, *s. f.*
ſentence, *s. f.*
ſentier, *s. m.*
ſentiment, *s. m.*
ſentinelle, *s. f.*
ſéparer, *v. a.*

ſept, *adj. num.*
ſépulture, *s. f.*
ſerein, *s. m.*
ſérieux, euſe, *adj.*
ſerment, *s. m.*
ſerpent, *s. m.*
ſervante, *s. f.*
ſervice, *s. m.*
ſes, *pl. du pron.* ſon, ſa.
ſévérité, *s. f.*
ſévir, *v. n.* punir.
ſevrer, *v. a.*
ſexagénaire, *adj. m.* & *f.*
ſexe, *s. m.*
ſiècle, *s. m.*
il ſied, *v. imperſonnel.*
ſiége, *s. m.*
ſiffler, *v. n.*
ſignaler, *v a.*
ſignature, *s. f.*
ſigne, *s. m.* marque.
ſignifier, *v. a.*
ſilence, *s. m.*
ſillon, *s. m.*
ſimagrée, *s. f.*
ſimilitude, *s. f.*
ſimplicité, *s. f.*
ſimulacre, *s. m.*

simulé , ée , *adj.*
sincère , *adj. m. & . f.*
singerie , *s. f.*
singulier , ère , *adj.*
sinistre , *adj.*
sinon , *conj.*
situation , *s. f.*
six , *adj. num.*
sixième , *adj.*
sociable , *adj.*
société , *s. f.*
sœur , *s. f.*
soi, *pron. signifiant soi-même , sa personne.*
soigneux , euse , *adj.*
soit , *conj.*
soixante , *adj. num.*
soldat , *s. m.*
soleil , *s. m.*
solemnel , elle , *adj.*
solide , *adj.*
solliciter , *v. a.*
sommeil , *s. m.*
sommer , *v. a.*
sommet , *s. m. le haut , la partie la plus élevée.*
somptueux , euse , *adj.*
sophisme , *s. m.*

fort , *s. m.*
sou , *s. m. pièce de monnoie.*
souci , *s. m.*
soudain , aine , *adj.*
souffrance , *s. f.*
souhait , *s. m.*
souiller , *v. a. gâter , salir.*
soumission , *s. f.*
soupçon , *s. m.*
souplesse , *s. f.*
sourd , sourde , *adj.*
souris , *s. m. action de sourire.*
sournois , oise , *s. m. & f. & adj.*
sous , *prép.*
soussigné , ée , *part.*
soustraire , *v. a.*
soutien , *s. m.*
souvent , *adv.*
souverain , aine , *adj.*
spécieux , euse , *adj.*
spectacle , *s. m.*
spirituel , elle , *adj.*
splendeur , *s. f.*
squelette , *s. m.*
stérile , *adj.*

ſtratagème, *s. m.*	ſûr, ſûre, *adj.* *aſſuré.*
ſtyle, *s. m.*	ſurabondant, ante *adj.*
ſubhaſter, *v. a.*	ſurcroît, *s. m.*
ſubit, ite, *adj.*	ſurface, *s. f.*
ſubjuguer, *v. a.*	ſurſaut, *s. m. ſurpriſe.*
ſubordination, *s. f.*	ſuſceptible, *adj.*
ſubſide, *s. m.*	ſuſciter, *v. a.*
ſubſiſtance, *s. f.*	ſuſpect, ecte, *adj.*
ſubſtituer, *v. a.*	en ſuſpens, *façon de*
ſubterfuge, *s. m.*	*parler adverbiale.*
ſuccès, *s. m.*	ſuſtenter, *v. a.*
ſucceſſeur, *s. m.*	ſyllabe, *s. f.*
ſuccinct, incte, *adj.*	ſymbole, *s. m.*
ſuccomber, *v. n.*	ſymétrie, *s. f.*
ſucculent, ſucculente,	ſympathie, *s. f.*
adj.	ſymphonie, *s. f.*
ſucrer, *v. n.*	ſynagogue, *s. f.*
ſuffiſamment, *adv.*	ſyntaxe, *s. f.*
ſuffrage, *s. m.*	Tabac, *s. m.*
ſuggérer, *v. a.*	tableau, *s. m.*
ſuggeſtion, *s. f.*	tache, *s. m. ſouillure.*
ſujet, ette, *adj.*	tâche, *s. f. choſe qu'on*
ſuperficie, *s. f.*	*donne à faire.*
ſuperflu, ue, *adj.*	tâcher, *v. n. faire des*
ſuperſtitieux, euſe, *adj.*	*efforts.*
ſupplication, *s. f.*	tacitement, *adv.*
ſupplice, *s. m.*	taciturne, *adj. m. & f.*
ſupport, *s. m.*	tact, *s. m. le toucher.*
ſur, *prép.*	tailler, *v. a.*

taire, *v. a.*

talent, *s. m.*

tambour, *s. m.*

tandis, *conj.*

tant , *adv. marquant une quantité indéfinie.*

tante, *s. f. sœur du père ou de la mère.*

tantôt , *adv.*

tas , *s. m. monceau , amas.*

tâter , *v. a.*

taux , *s. m. le prix établi , taxe.*

taureau, *s. m.*

teinture , *s. f.*

téméraire , *adj.*

témoignage, *s. m.*

tempérament, *s. m.*

tempérance, *s. f.*

tempête , *s. f.*

temporiser , *v. n.*

temps, *s. m. la mesure, la durée des choses.*

ténèbres , *s. f. pl.*

tente, *s. f. espèce de pavillon.*

tenter, *v. a.*

terrain , *s. m.*

terrasser , *v. a.*

tête , *s. f.*

théâtre, *s. m.*

thême , *s. m.*

théorie, *s. f.*

thésauriser , *v. n.*

tiare , *s. f.*

tiers , *s. m.*

tillac , *s. m.*

tintamarre , *s. m.*

tisserand , *s. m.*

tissu , *s. m.*

tocsin , *s. m.*

toi, *pron.* toi-même.

toit , *s. m. la couverture d'un bâtiment , d'une maison.*

tolérance, *s. f.*

tombeau , *s. m.*

tonneau , *s. m.*

torrent , *s. m.*

tors, orse , *adj.*

tort, *s. m.*

toujours, *adv.*

tour-à-tour , *adv.*

tourbillon , *s. m.*

tourment, *s. m.*

tousser, *v. n.*

tout, *adv. entièrement.*
tout, toute, *adj.*
tous, toutes, *pl.*
tout à-fait, *adv.*
tout-à-coup, *adv.*
tout bas, *adv.*
toux, *s. f. maladie qui fait faire des efforts à la poitrine.*
tracas, *s. m.*
tracasser, *v. n.*
trace, *s. f.*
trahison, *s. f.*
trajet, *s. m.*
train, *s. m.*
trait, *s. m. ligne que décrit la plume ou le pinceau.*
traite, *s. f.*
traiter, *v. a.*
traître, *s. m.*
tranquillité, *s. f.*
transcendant, ante, *adj.*
transe, *s. f.*
transgression, *s. f.*
transmettre, *v. a.*
transparent, ente, *adj.*
transport, *s. m.*
transsubstantiation, *s f.*

travail, *s. m.*
travailler, *v. a. & n.*
travers, *s. m.*
treize, *adj. num.*
tremblement, *s. m.*
se trémousser, *v. récip.*
tremper, *v. a.*
trente, *adj. num.*
trépas, *s. m.*
très, *adv. fort.*
trésor, *s. m.*
trève, *s. f.*
tribu, *s. f. une des parties dont un peuple est composé.*
tribut, *s. m. redevance qu'un Etat est obligé de payer à un autre.*
tributaire, *adj.*
triomphe, *s. m.*
troc, *s. m. échange.*
tronc, *s. m.*
trône, *s. m.*
trophée, *s. m.*
troupeau, *s. m.*
tympaniser, *v. a.*
tyran, *s. m.*
tyrannie, *s. f.*
Vacances, *s. f. pl.*

vacarme , *s. m.*

vaciller ,*v. n. chanceler.*

vagabond, bonde, *adj.*

vaillant , ante , *adj.*

vain , vaine , *adj. fri-vole , orgueilleux.*

vaincu , ue , *part. paſſ & adj.*

vainqueur , *s. m.*

vaiſſeau , *s. m.*

vaiſſelle , *s. f.*

valet , *s. m.*

vallée , *s. f.*

valoir ; *v. n. je vaux , tu vaux.*

van , *s. m.*

vanter , *v. a.*

vaſſal , *s. m.*

vautour , *s. m.*

vautrer , *v. n.*

veau , *s. m. le petit de la vache.*

véhémence , *s. f.*

veiller , *v. n. & a.*

vendange , *s. f.*

vengeance , *s. f.*

vent , *s. m. agitation de l'air.*

ventre , *s. m.*

ver , *s. m. inſecte.*

verger , *s. m.*

vermeil , meille , *adj.*

vermiſſeau , *s. m.*

vers , *s. m. & prep. au-près.*

verſer , *v. a.*

vert , erte , *adj.*

vêtir , *v. a.*

viciſſitude , *s. f.*

victorieux , euſe , *adj.*

vieil *ou* vieux , vieille , *adj. & f.*

vieillard , *s. m.*

vieilleſſe , *s. f.*

vif , vive , *adj.*

vigilamment , *adv.*

vigilance , *s. f.*

vigne , *s. f.*

vignoble , *s. m.*

vigueur , *s. f.*

vil , ile , *adj. mépriſable*

villageois , oiſe , *s. m. & f*

ville , *s. f. aſſemblage de pluſieurs maiſons diſpoſées par rues.*

vin , *s. m. liqueur pro-pre à boire que l'on tire du raiſin.*

vinaigre , s. m.

vindicatif, ive , adj.

vingt, adj. num. deux fois dix.

violence , s. f.

violet , ette, adj.

visage , s. m.

vis , s. f. instrument.

vis-à-vis, adv.

vitrifier, v. a.

vivacité, s. f.

unanime, adj. m. & f.

union , s. f.

univers , s. m.

universalité, s. f.

universel, elle , adj.

vocal , ale, adj.

vocation, s. f.

vœu , s. m. promesse faite à Dieu des choses dont an peut disposer.

voie , s. f. chemin, moyen.

voisin , ine, adj.

voix , s. fem. son qui sort de la bouche de l'homme.

volaille, s. f.

volatil , ile , adj.

volatile , s. m. animal qui vole.

volontaire , adj.

volontiers , adv.

voluptueux , euse, adj.

voracité , s. f.

voûte, s. f.

voyageur , s. m.

vrai , vraie , adj.

urgent, ente, adj.

usurier , ère, s. m. & f.

utilité , s. f.

vulgaire, adj. m. & f. & s.

Zèle, s. m.

zéphir , s. m.

zéro , s. m.

zest , s. m. & interj.

zeste , s. m. le dessus de l'écorce d'un citron ou d'une orange.

zibeline , s. f.

zigzag , s. m.

zinc , s. m. métal.

zizanie, s. f.

zodiaque , s. m.

zône , s. f.

zoophyte , s. m.

NOMS PROPRES.

Abel, *s. m.*
Abraham, *s. m.*
Académie, *s. f.*
Adam, *s. m.*
Africain, aine, *s. & adj.*
Alexandre, *s. m.*
Allemagne, *s. f.*
Allemand, ande, *s. & adj.*
Alphonse, *s. m.*
Ambassadeur, *s. m.*
Amsterdam, *ville.*
Angleterre, *s. f.*
Annibal, *s. m.*
Antiochus, *s. m.*
Anvers, *ville.*
Août, *s. m. & se prononce*
  Oût.
Apôtre, *s. m.*
Arithmétique, *s. f.*
Assyrie, *s. f.*
Athènes, *ville.*
Auguste, *s. m.*
Avocat, *s. m.*
Avril, *s. m.*
Autriche, *s. f.*
Babylone, *ville.*
Bacchus, *s. m.*
Bailli, *s. m.*
Baptême, *s. m.*
Basle, *ville.*
Besançon, *ville.*
Beaucaire, *ville.*
Bethléem, *ville.*

Bohême, *s. f.*
Bordeaux, *ville.*
Bourg-mestre, *s. m.*
Cadix, *ville.*
Caïn, *s. m.*
Calvin, *s. m.*
Capitaine, *s. m.*
Carthage, *ville.*
César, *s. m.*
Chablais, *s. m.*
Charles-Magne, *s. m.*
Charles-Quint, *s. m.*
Chancelier, *s. m.*
Châtelain, *s. m.*
Chrétien, enne, *s. & adj.*
Chronologie, *s. f.*
Cicéron, *s. m.*
Ciel, *s. m. & au pl.* Cieux.
Circoncision, *s. f.*
Collège. *s. m.*
Commissaire, *s. m.*
Comte, *s. m. dignité.*
Constantin, *s. m.*
Consul, *s. m.*
Copenhague, *ville.*
Corinthe, *ville.*
Cour, *s. f. signifiant le Roi*
  ou ses Ministres.
Caën, *ville. prononcez* Kan.
Crœsus, *s. m.*
Cyrus, *s. m.*
Czar, *s. m.*
Danemarck, *s. m.*

Dantzick, *ville.*
Dauphiné, *s. m.*
Décembre, *s. m.*
Delphes, *ville.*
Démosthène, *s. m.*
Dimanche, *s. m.*
Dijon, *ville.*
Egypte, *s. f.*
Elyfées ou Elyfiens, *adj. m. pl.*
Empereur, *s. m.*
Empire, *s. m. monarchie.*
Enoch, *s. m.*
Ephèfe, *ville.*
Efope, *s. m.*
Efpagne, *s. f.*
Ethiopie, *s. f.*
Evangile, *s. m.*
Euchariftie, *s. f.*
Eve, *s. f.*
Euphrate, *s. m.*
Europe, *s. f.*
Février, *s. m.*
France. *s. f.*
Francfort, *ville.*
François, *s. m.*
Fribourg, *ville.*
Général, *s. m.*
Gênes, *ville.*
Genève, *ville.*
Gentilhomme, *s. m.*
Géographie, *s. f.*
Géométrie, *s. f.*
Gex, *pays.*
Goliath, *s. m.*

Grammaire, *s. f. art de bien parler.*
Grands, *s. m. pl. les Seigneurs de la première qualité.*
Grec, Grecque, *adj.*
Grèce, *s. f.*
Hambourg, *ville.*
Hébreu, *s. m. & adj.*
Hercule, *s. m.*
Hérode, *s. m.*
Hollande, *s. f.*
Homère, *s. m.*
Hongrie, *s. f.*
Horace, *s. m.*
Janvier, *s. m.*
Jérufalem, *ville.*
Jéfus-Chrift, *s. m.*
Jeudi, *s. m.*
Impératrice, *s. f.*
Indes, *s. f.*
Jofeph, *s. m.*
Ifaïe, *s. m.*
Ifraël, *s. m.*
Italie, *s. f.*
Juin, *s. m.*
Juillet, *s. m.*
Jupiter, *s. m.*
Jurifprudence, *s. f.*
Lacédémonien, enne, *s. f. & adj.*
La-Haye, *bourg.*
Languedoc, *s. m.*
Laufanne, *ville.*
Législateur, *s. m.*
Leyde, *ville.*

Leipſic , *ville.*
Lisbonne , *ville.*
Londres , *ville.*
Lorraine , *s. f.*
Luthérien , enne , *adj.* & *s.*
Lycurgue , *s. m.*
Lyon , *ville.*
Macèdoine , *s. f.*
Mademoiſelle , *s. f.*
Madrid , *ville.*
Magiſtrat , *s. m.*
Mahomet , *s. m.*
Mai , *s. m.*
Mars , *s. m.*
Marseille , *ville.*
Mathématiques , *s. f. pl.*
Méditerrannée , *s. f.*
Meſſie , *s. m.*
Milanez ou Milanois , *s. m.*
Moïſe , *s. m.*
Montpellier ; *ville.*
Monſeigneur , *s. m.* & *au pl.*
  Meſſeigneurs.
Monſieur , *s. m.* & *au pl.*
  Meſſieurs.
Montauban , *ville.*
Morges , *ville.*
Nabuchodonoſor , *s. m.*
Nantes , *ville.*
Naples , *ville.*
Nazareth , *ville.*
Nismes , ou Nîmes , *ville.*
Nord , *s. m.*
Notaire , *s. m.*
Occident , *s. m.*
Océan , *s. m.*
Octobre , *s. m.*

Odyſſée , *s. f.*
Officier , *s. m.*
Olympique , *adj.*
Orient , *s. m.*
Orthographe , *s. f.*
Paganiſme , *s. m.*
Païen , enne , *adj.* & *s.*
Pair , *s. m. terme de dignité.*
Pâque , *s. f.*
Paris , *ville.*
Pentecôte , *s. f.*
Pérou , *s. m.*
Perſe , *s. f.*
Pharaon , *s. m.*
Phariſien , *s. m.*
Phèdre , *s. m.* & *f. nom.*
  d'homme & de femme.
Plénipotentiaire , *s. m.*
Philippe , *s. m.*
Philoſophes , *s. m.*
Phyſique , *s. f.*
Piémont , *s. m.*
Pô , *s. m.*
Poëte , *s. m.*
Polybe , *s. m.*
Préſident , *s. m.*
Prince , *s. m.*
Prophète , *s. m.*
Provence , *s. f.*
Ptoloméé-Philadelphe , *s. m.*
Pyrrhus , *s. m.*
Pythagore , *s. m.*
Québec , *ville.*
Querci , *s. m.*
Rabbin , *s. m.*
Régent , Régente , *s m.* & *f.*
Reine , *s. f. femme de Roi.*

République , *s. f.*
Résident , *s. m.*
Rheims , *ville.*
Rhétorique , *s. f.*
Rhin , *s. m.*
Rhône , *s. m.*
Romain , aine , *s. & adj.*
Rouen , *ville.*
Sacerdoce , *s. m.*
Sainte-Cène , *s. f.*
Samedi , *s. m.*
Samson , *s. m.*
Saone , *prononcez* Sône , *s. f.*
Sardaigne , *s. f.*
Saül , *s. m.*
Savoie , *s. f.*
Savoyard , arde , *s. & adj.*
Schaffhouse , *ville.*
Seine , *s. f.*
Scipion , *s. m.*
Secrétaire , *s. m.*
Seigneur , *s. m.*
Sémiramis , *s. f.*
Sénat , *s m.*
Sénèque , *s. m.*
Sennachérib , *s. m.*
Septentrion , *s. m.*
Sicile , *s. f.*
Sinaï , *s. m.*
Sire , *s. m. titre qu'on donne au Roi.*
Smyrne , *ville.*
Stadtouder , *prononcez* Stathouder , *s. m.*

Stockholm , *ville.*
Stoïque , Stoïcien , *adj. & s. m.*
Strasbourg , *ville.*
Suisse , *s. f. pays.*
Syndic , *s. m.*
Syracuse , *ville.*
Syrie , *s. f.*
Tarquin , *s. m.*
Télémaque , *s. m.*
Térence , *s. m.*
Thalès , *s. m.*
Thèbes , *ville.*
Thémistocle , *s. m.*
Théodose , *s. m.*
Théologie , *s. f.*
Thucydide , *s. m.*
Tripoli , *ville.*
Turin , *ville.*
Tyr , *ville.*
Vaud , *pays.*
Vendredi , *s. m.*
Versailles , *ville.*
Vevai , *ville.*
Vire , *ville.*
Vice Roi , *s. m.*
Ulysse , *s. m.*
Utrecht , *ville.*
Xénophon , *s. m.*
Xercès , *s. m.*
Zurich , *ville.*
Zurzach , *ville.*

F I N.